THREE PIANO WORKS

CECILE CHAMINADE
(1857-1944)

CÉCILE CHAMINADE

THREE PIANO WORKS

Sonata in C Minor, Opus 21

Etude Symphonique, Opus 28

Six Concert Etudes, Opus 35

DA CAPO PRESS · NEW YORK · 1979

Library of Congress Cataloging in Publication Data

Chaminade, Cécile, 1857-1944.
  [Works, piano. Selections]
  Three piano works.

  (Da Capo Press music reprint series)
  Reprint of the 1895 eds. published by Enoch, Paris.
  CONTENTS: Sonata in C minor, op. 21.—Étude
symphonique, op. 28.—Six concert études, op. 35.
  1. Piano music.
M22.C45D2   786.4'05'4   79-1501
ISBN 0-306-79551-5

Da Capo Press Music Reprint Series

This Da Capo Press edition of *Sonata in C Minor,*
Op. 21, *Etude Symphonique,* Op. 28, and *Six Concert
Etudes,* Op. 35 by Cécile Chaminade is an unabridged
republication of the first editions published in
Paris in 1895 by Enoch and Company. It is
reproduced from originals owned by Robert
Commagere of Genesis Records.

Published by Da Capo Press, Inc.
A Subsidiary of Plenum Publishing Corporation
227 West 17th Street, New York, N.Y. 10011

Sonata in C Minor, Opus 21

à MAURICE MOSZKOWSKI.

SONATE

(en **UT MINEUR**)

C. CHAMINADE
Op. 21.

I

E. & C. 2610

2

II

III

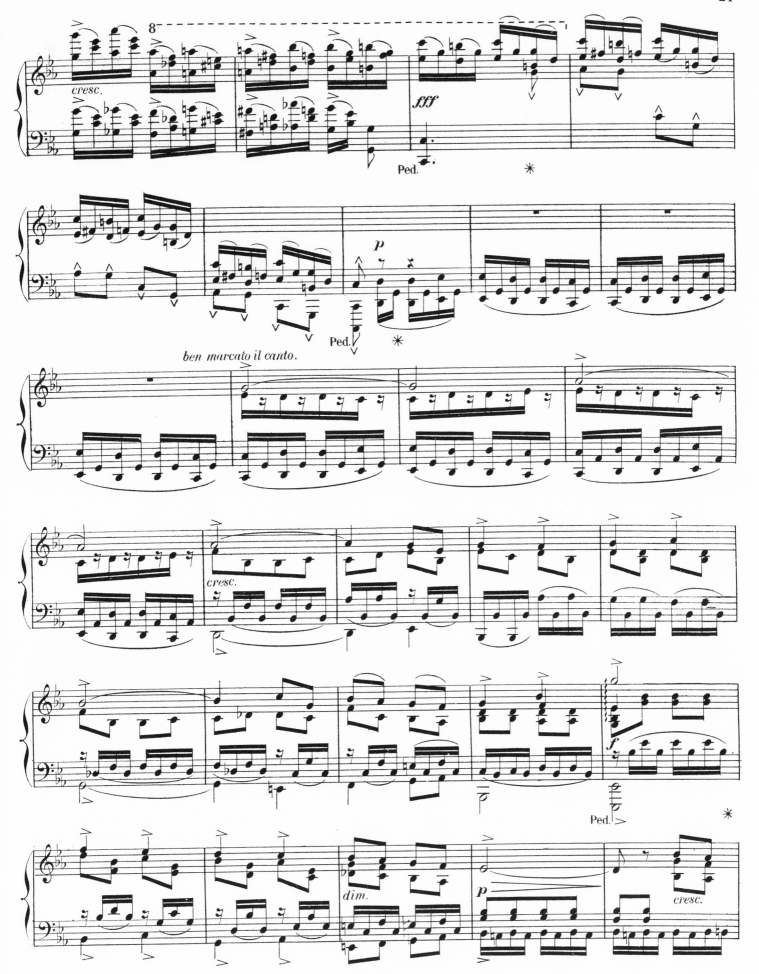

E.& C. 2610

Paris, Imp. E. DUPRÉ, rue du Delta, 26.

Etude Symphonique, Opus 28

à *J. J. PADEREWSKI.*

ÉTUDE SYMPHONIQUE

POUR LE PIANO

C. CHAMINADE

Op. 28.

Paris, ENOCH Frès & COSTALLAT, Éditeurs.   E. F. & C. 1776.

E. F. & C. 1776.

E. F. & C. 1776.   (Baudon Gr) Paris, Imp. E. DUPRÉ, rue du Delta, 26.

Six Concert Etudes, Opus 35

ÉTUDES DE CONCERT
Nº 1

C. CHAMINADE

Op. 35

SCHERZO

à Monsieur G. LEWITA

Paris, ENOCH & Cie Editeurs.

L. F. & C. 1511

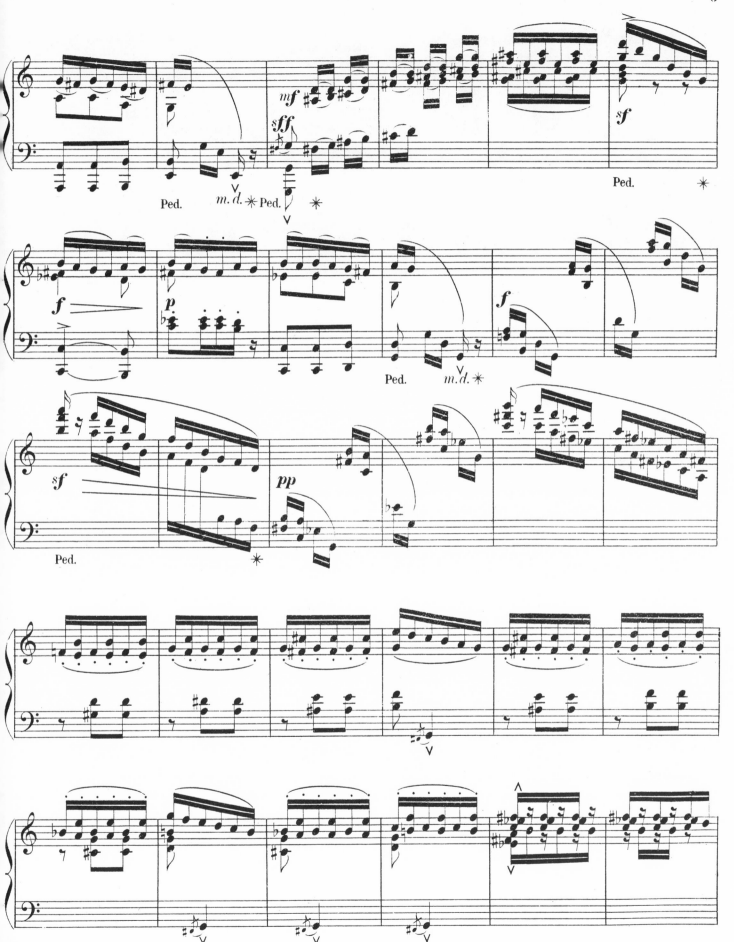

ÉTUDES DE CONCERT
N.º 2

C. CHAMINADE
Op. 35

AUTOMNE

à Mademoiselle Hélène KRYZANOWSKA

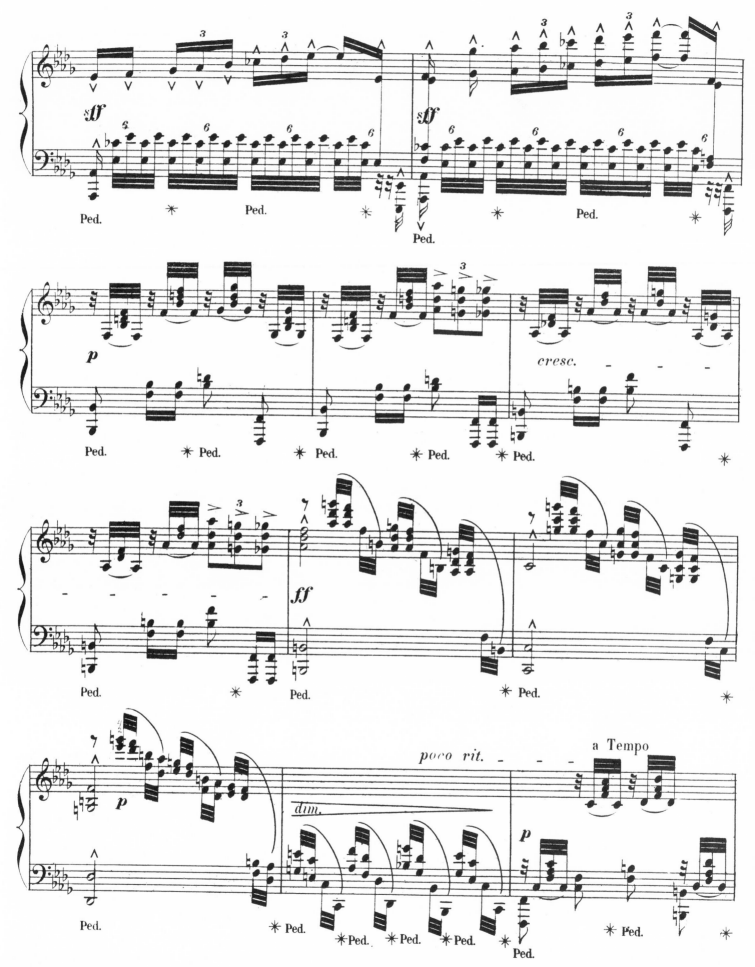

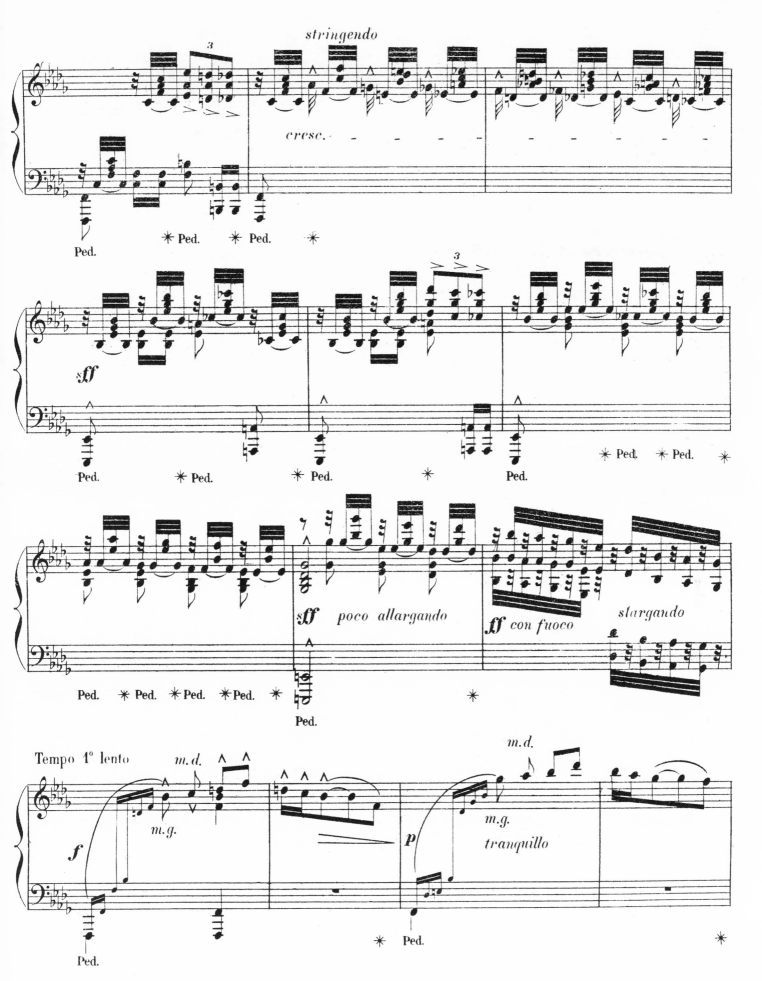

ÉTUDES DE CONCERT
Nº 3

C. CHAMINADE
Op. 35

FILEUSE

à Monsieur Louis LIVON

pochettino rit. **pp**

a Tempo

Ped.

Ped.

Ped.

marcato

Ped.

Ped.

Ped.

Ped.

pp

Ped.

Ped.

Ped.

Ped.

Ped.

Ped.

Ped.

ÉTUDES DE CONCERT
Nᵒ 4

C. CHAMINADE
Op. 35

APPASSIONATO

à Madame DE *SERRES-MONTIGNY*

ÉTUDES DE CONCERT
Nᵒ 5

C. CHAMINADE
Op. 35

IMPROMPTU

à Mademoiselle Marguerite LAMOUREUX

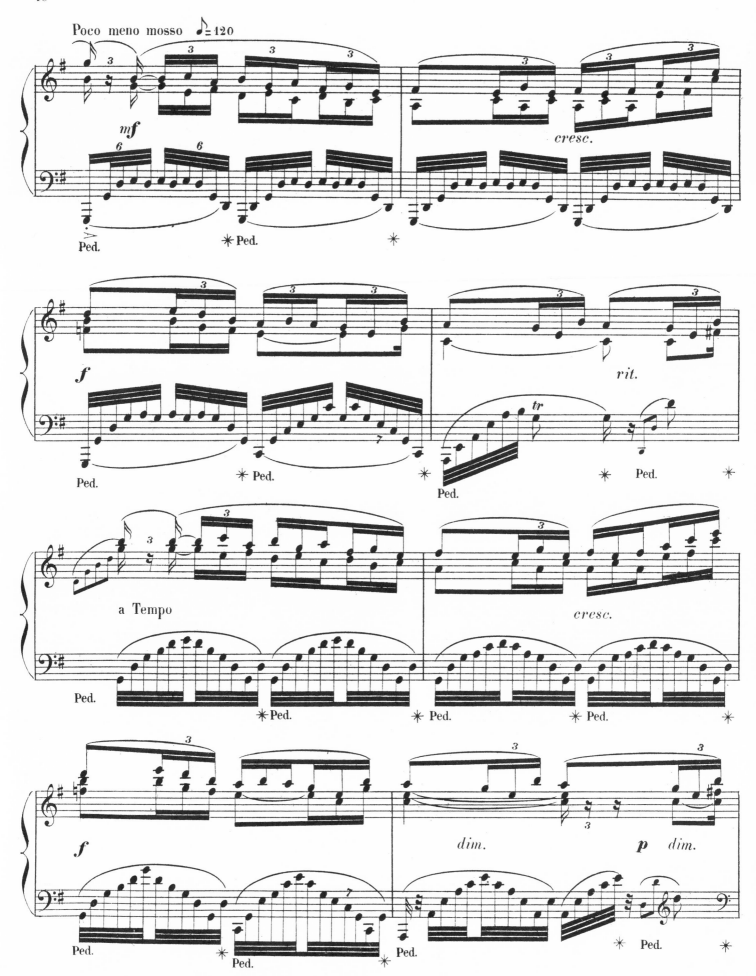

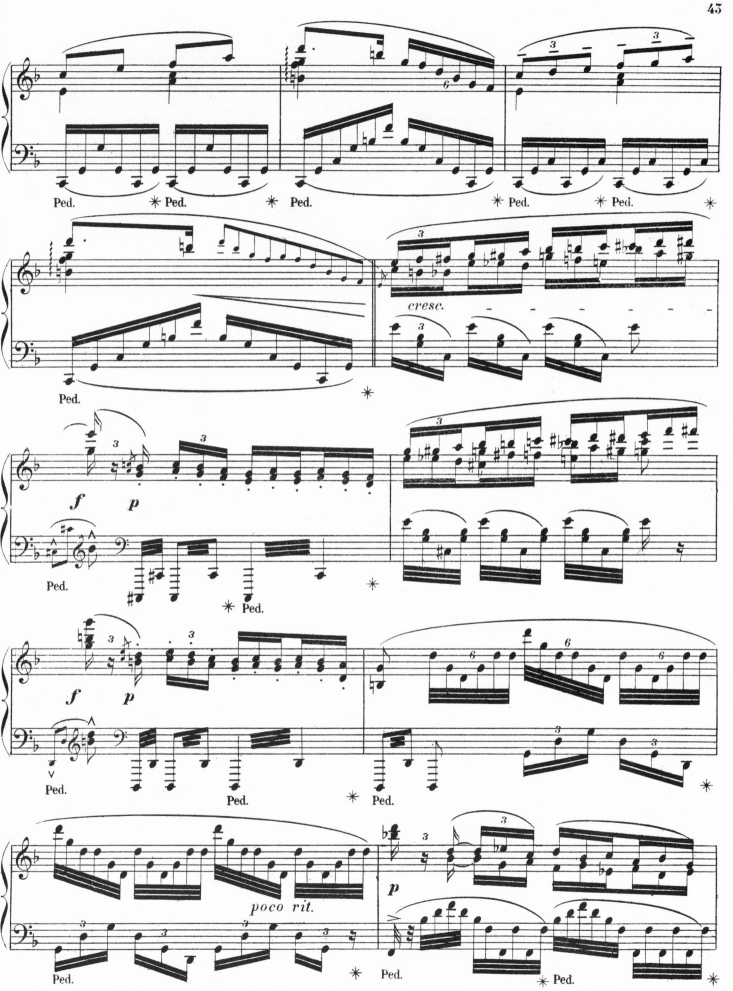

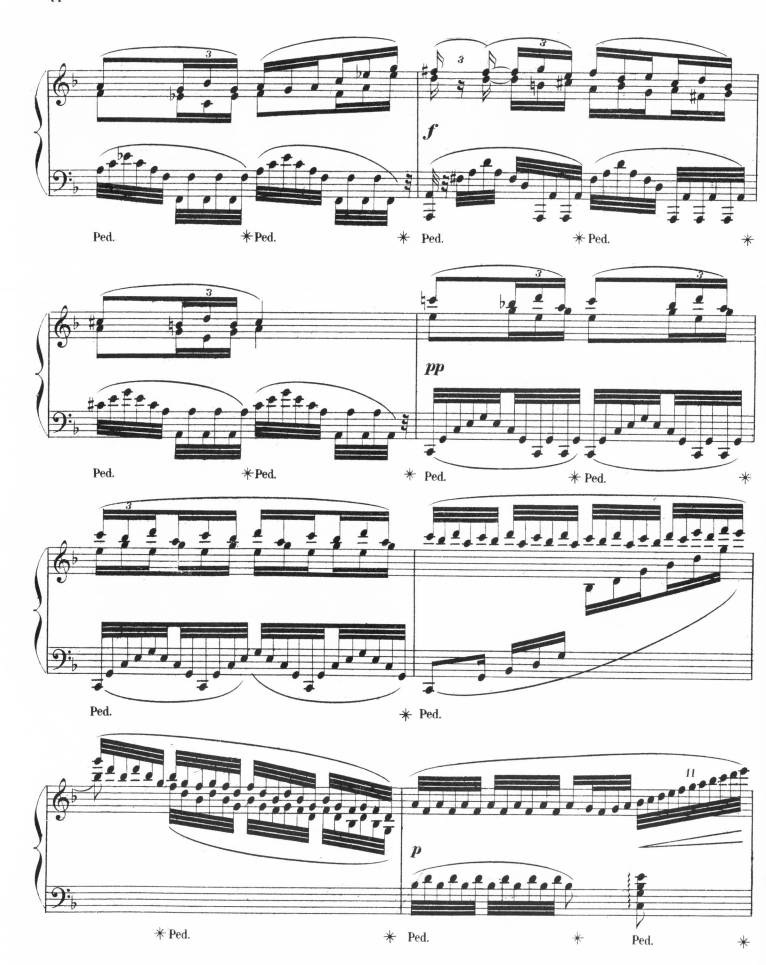

ÉTUDES DE CONCERT
Nº 6

C. CHAMINADE
Op. 35

TARENTELLE

à Madame Marie JAËLL

Allegro vivace ♩.=192

PIANO